Impressum
Verlag: BABADADA GmbH, Nedderfeld 112 , 22529 Hamburg
Geschäftsführer / Verlagsleitung: Harald Hof
Druck: Books on Demand GmbH, In de Tarpen 42, 22848 Norderstedt

Imprint
Publisher: BABADADA GmbH, Nedderfeld 112 , 22529 Hamburg, Germany
Managing Director / Publishing direction: Harald Hof
Print: Books on Demand GmbH, In de Tarpen 42, 22848 Norderstedt, Germany

школа

skola

класна кімната
klassrum

ділити
dividera

186/2

дошка
tavla

шкільний двір
skolgård

вчитель
lärare

папір
papper

писати
skriva

ручка
penna

письмовий стіл
skrivbord

лінійка
linjal

книга
bok

учень
elev

ранець

skolväska

пенал

pennfodral

олівець

blyertspenna

точило

pennvässare

гумка

suddgummi

альбом для малювання

ritblock

малюнок

teckning

пензель

pensel

коробка фарб

målarlåda

ножиці

sax

клей

lim

зошит

övningsbok

домашнє завдання

hemläxa

12

число

tal

2+2

додавати

addera

5-2

віднімати

subtrahera

2×2

множити

multiplicera

рахувати

räkna

A

літера

bokstav

ABCDEFG
HIJKLMN
OPQRSTU
VWXYZ

абетка

alfabet

hello

слово

ord

текст

text

читати

läsa

крейда

krita

година

lektion

класний журнал

register

екзамен

prov

диплом

intyg

шкільна форма

skoluniform

освіта

utbildning

лексикон

uppslagsverk

університет

universitet

мікроскоп

mikroskop

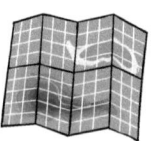

карта

karta

кошик для паперу

papperskorg

подорож
resa

готель
hotell
Grand
турбаза
vandrarhem
ROOMS
обмінний пункт
växelkontor
валіза
resväska
автомобіль
bil

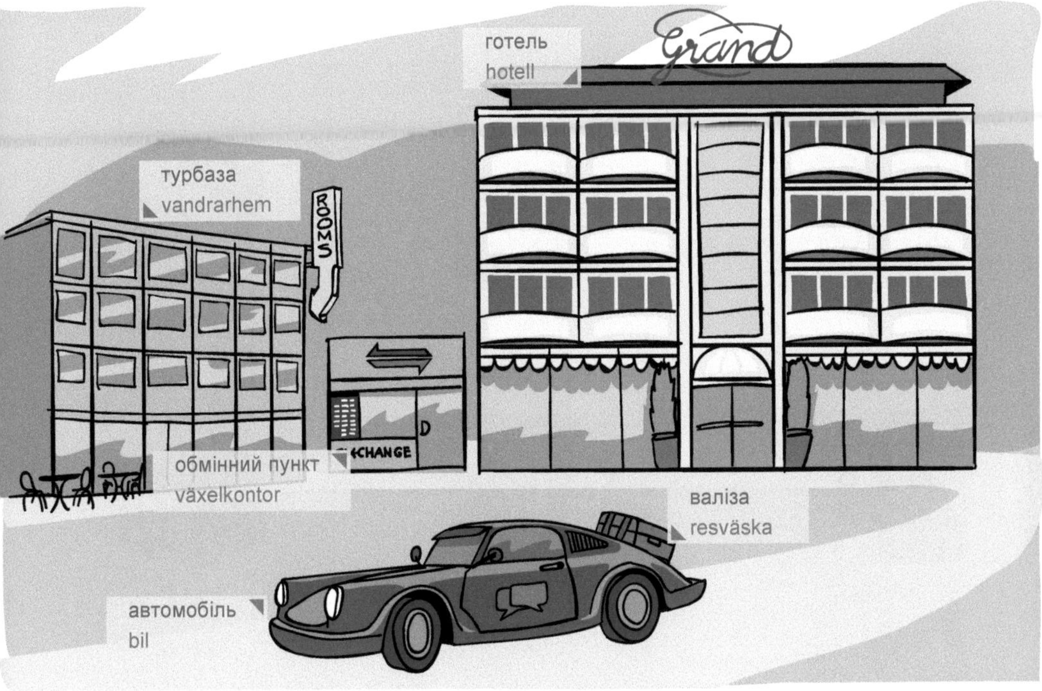

мова
språk

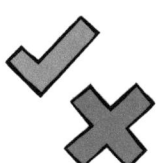

так / ні
ja / nej

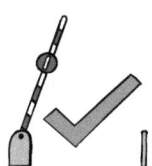

добре
Okay

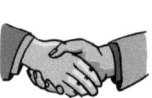

привіт
hej

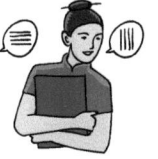

перекладач
översättare

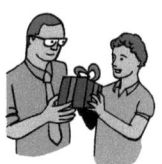

дякую
Tack

Скільки коштує ...?

hur mycket kostar...?

Я не розумію

jag förstår inte

проблема

problem

Добрий вечір!

God kväll!

Доброго ранку!

God morgon!

На добраніч!

God natt!

До побачення

hejdå

напрямок

riktning

багаж

bagage

сумка

väska

рюкзак

ryggsäck

гість

gäst

кімната

rum

спальний мішок

sovsäck

намет

tält

туристична інформація

turistinformation

пляж

strand

кредитна картка

kreditkort

сніданок

frukost

обід

lunch

вечеря

middag

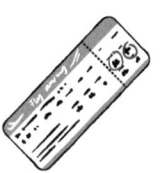

квиток

biljett

ліфт

hiss

поштова марка

frimärke

межа

gräns

митниця

tull

посольство

ambassad

віза

visum

паспорт

pass

транспорт
transport

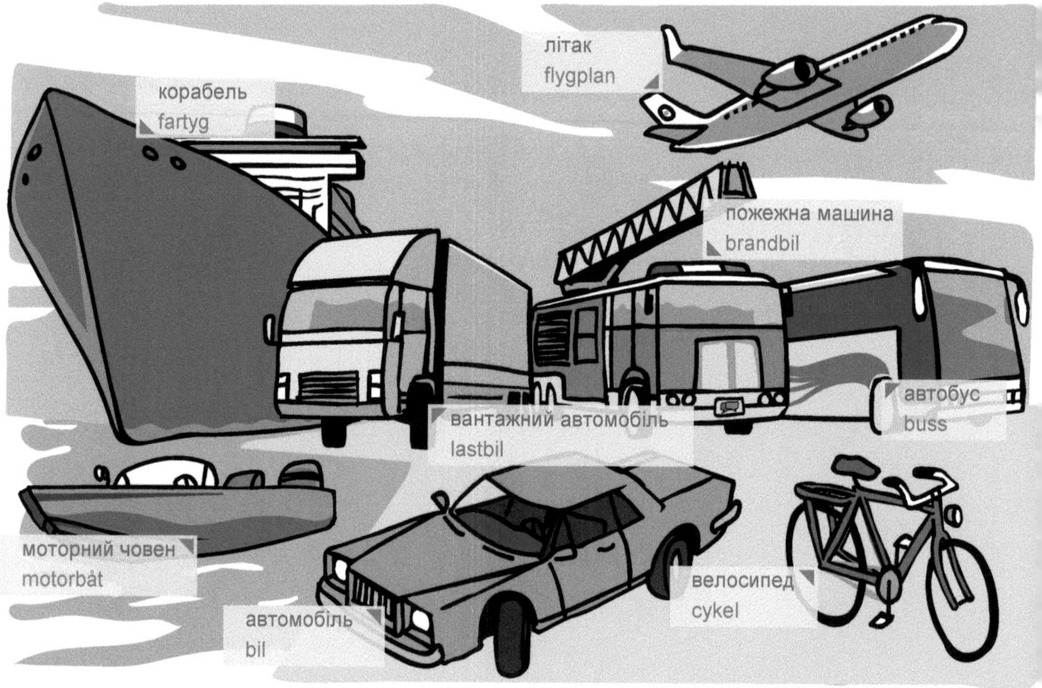

літак
flygplan

корабель
fartyg

пожежна машина
brandbil

вантажний автомобіль
lastbil

автобус
buss

моторний човен
motorbåt

велосипед
cykel

автомобіль
bil

пором

färja

човен

båt

мотоцикл

motorcykel

поліцейська машина

polisbil

гоночний автомобіль

racerbil

автомобіль на прокат

hyrbil

спільне користування авто

bilpool

евакуатор

bärgningsbil

сміттєвоз

sopbil

двигун

motor

паливо

bränsle

автозаправна станція

bensinstation

дорожній знак

vägmärke

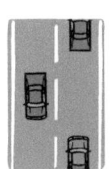

рух

trafik

затор

bilkö

стоянка

parkeringsplats

вокзал

tågstation

рейки

räls

потяг

tåg

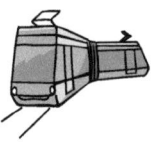

трамвай

spårvagn

вагон

vagn

гелікоптер

helikopter

аеропорт

flygplats

вежа

torn

пасажир

passagerare

контейнер

container

коробка

kartong

візок

vagn

кошик

korg

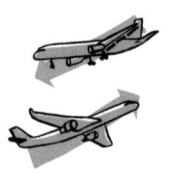

стартувати / приземлятися

starta / landa

місто

stad

село

by

центр міста

centrum

дім

hus

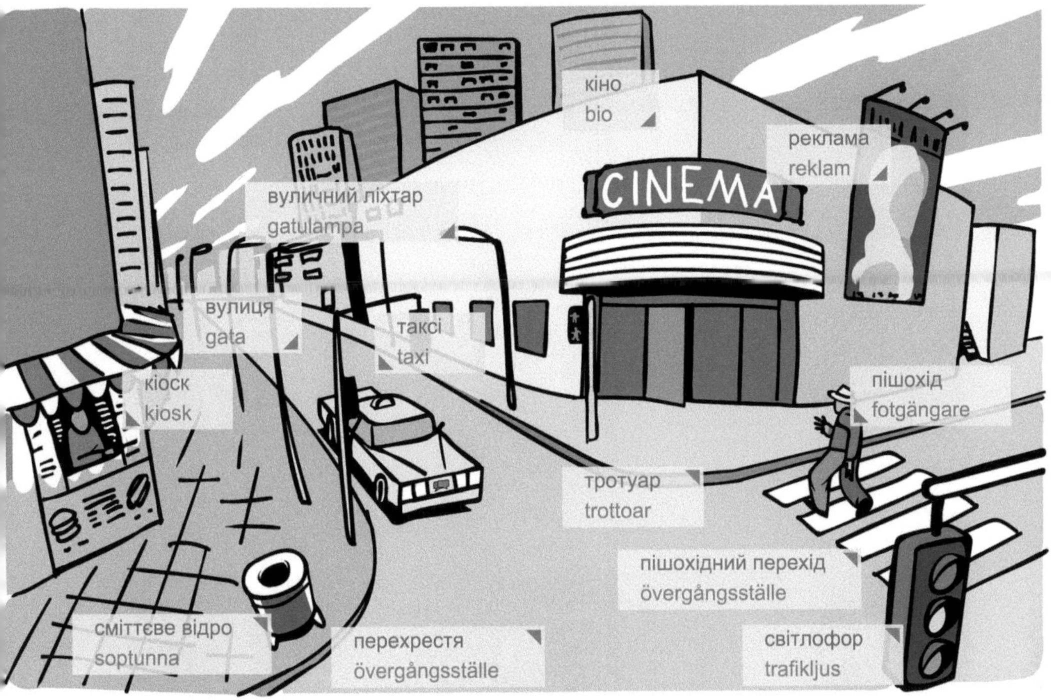

кіно
bio

реклама
reklam

вуличний ліхтар
gatulampa

CINEMA

вулиця
gata

таксі
taxi

кіоск
kiosk

пішохід
fotgängare

тротуар
trottoar

пішохідний перехід
övergångsställe

сміттєве відро
soptunna

перехрестя
övergångsställe

світлофор
trafikljus

хатина
....
stuga

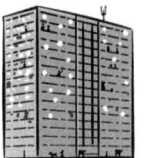

квартира
....
lägenhet

вокзал
....
tågstation

ратуша
....
stadshus

музей
....
museum

школа
....
skola

університет

universitet

банк

bank

лікарня

sjukhus

готель

hotell

аптека

apotek

офіс

kontor

книжковий магазин

bokhandel

магазин

affär

квітковий магазин

blomsterbutik

супермаркет

stormarknad

ринок

marknad

універмаг

varuhus

торговець рибою

fiskhandlare

торговельний центр

köpcentrum

гавань

hamn

парк

park

лава

bänk

міст

brygga

сходи

trappa

метро

tunnelbana

тунель

tunnel

автобусна зупинка

busshållplats

бар

bar

ресторан

restaurang

поштова скринька

brevlåda

вулична табличка

gatuskylt

лічильник паркування

parkeringsautomat

зоопарк

zoo

басейн

simbassäng

мечеть

moské

ферма

bondgård

забруднення
навколишнього
середовища
fororening

кладовище

kyrkogård

церква

kyrka

дитячий майданчик

lekplats

храм

tempel

ландшафт
landskap

листок
löv

вказівний стовп
vägskylt

шлях
väg

луг
äng

камінь
sten

мандрівник
liftare

дерево
träd

річка
flod

трава
gräs

квітка
blomma

долина

dal

гора

kulle

озеро

sjö

ліс

skog

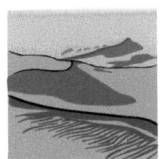

пустеля

öken

вулкан

vulkan

замок

slott

веселка

regnbåge

гриб

svamp

пальма

palm

комар

mygga

муха

fluga

мурашка

myra

бджола

bi

павук

spindel

жук

skalbagge

жаба

groda

вивірка

ekorre

їжак

igelkott

заєць

hare

сова

uggla

птах

fågel

лебідь

svan

кабан

vildsvin

олень

rådjur

лось

älg

гребля

damm

вітряк

vindkraftverk

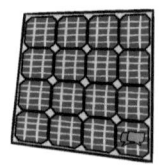

сонячний модуль

solcellspanel

клімат

klimat

ресторан
restaurang

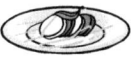

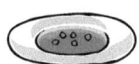

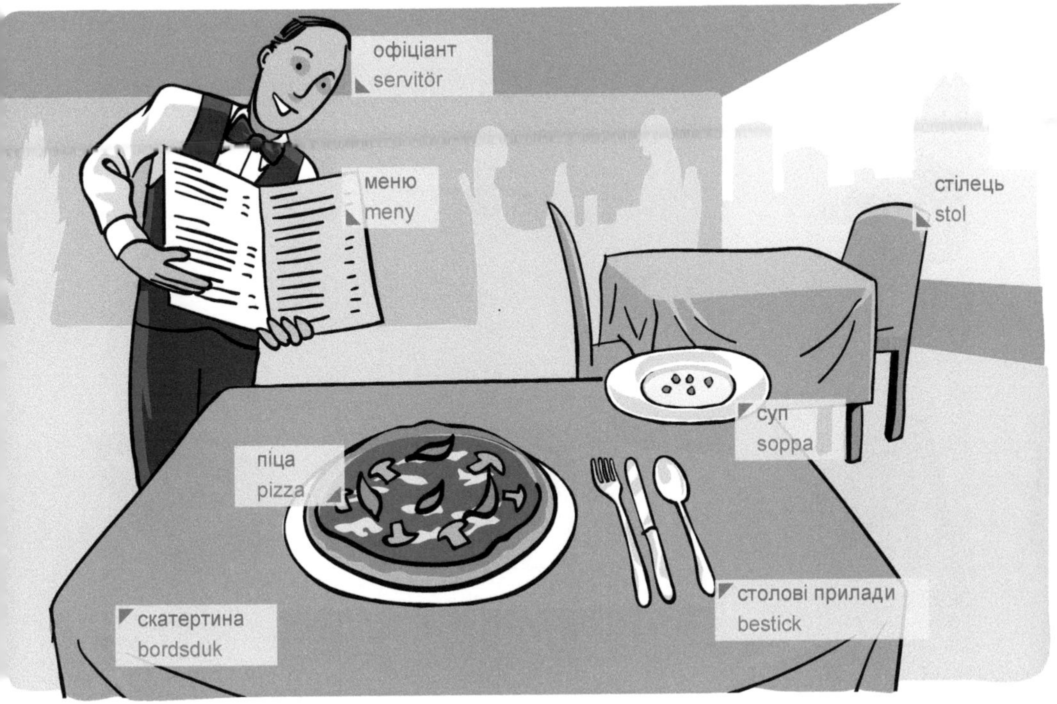
офіціант
servitör
меню
meny
стілець
stol
суп
soppa
піца
pizza
столові прилади
bestick
скатертина
bordsduk

закуска

förrätt

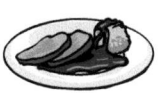

друга страва

huvudrätt

десерт

dessert

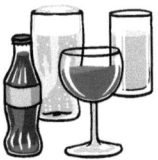

напої

drycker

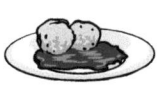

їжа

mat

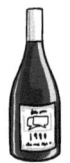

пляшка

flaska

фаст-фуд

snabbmat

вулична їжа

street food

чайник

tekanna

цукорниця

sockerskål

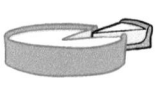

порція

portion

еспресо-машина

espressomaskin

високий стільчик

barnstol

рахунок

räkning

піднос

bricka

ніж

kniv

вилка

gaffel

ложка

sked

чайна ложка

tesked

серветка

servett

склянка

glas

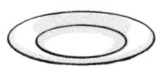

тарілка

tallrik

тарілка для супу

sopptallrik

блюдце

tefat

соус

sås

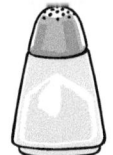

солонка

saltkar

млин для перцю

pepparkvarn

оцет

vinäger

масло

olja

спеції

kryddor

кетчуп

ketchup

гірчиця

senap

майонез

majonnäs

супермаркет

stormarknad

пропозиція
specialerbjudande
FOR
клієнт
kund
молочні продукти
mejeriprodukter
фрукти
frukt
візок для покупок
varukorg

BUTCHERS

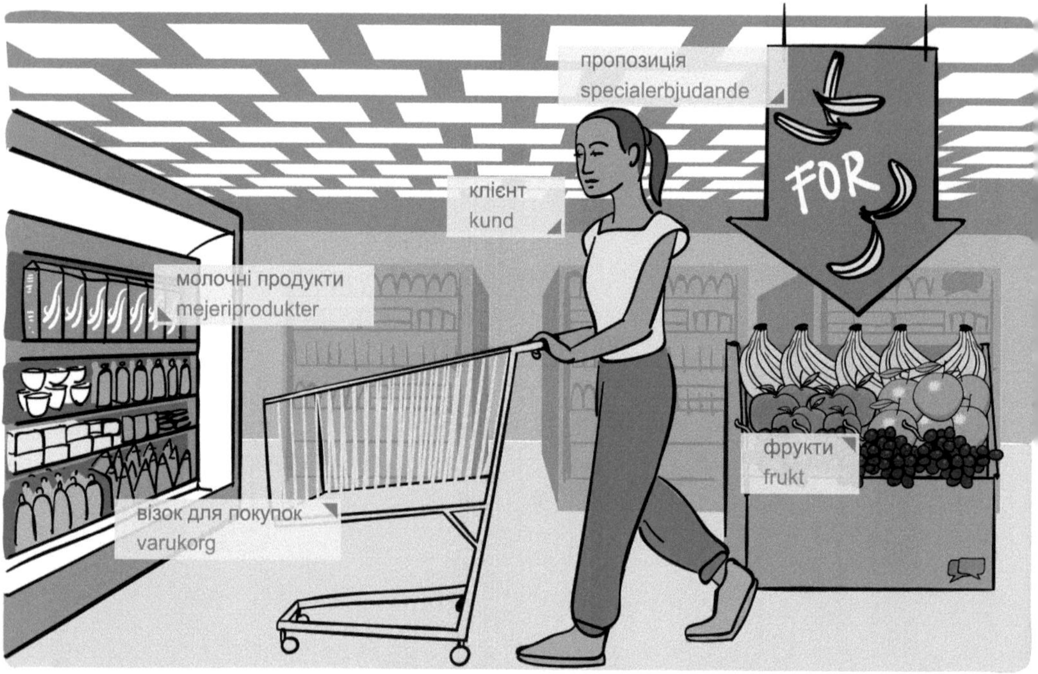

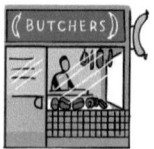

м'ясний магазин

charkuteri

BAKERY

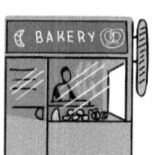

пекарня

bageri

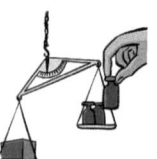

зважувати

väga

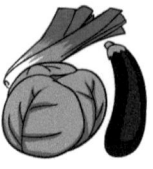

овочі

grönsaker

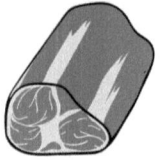

м'ясо

kött

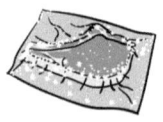

заморожені продукти

frysta livsmedel

ковбасна нарізка

pålägg

консерви

konserver

пральний порошок

tvättmedel

солодощі

godis

предмети домашнього побуту

hushållsprodukter

мийний засіб

rengöringsmedel

продавщиця

försäljare

каса

kassa

касир

kassör

список покупок

inköpslista

часи роботи

öppettider

гаманець

plånbok

кредитна картка

kreditkort

сумка

väska

поліетиленовий пакет

plastpåse

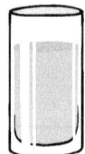

вода

vatten

сік

juice

молоко

mjölk

кола

cola

вино

vin

пиво

öl

алкоголь

alkohol

какао

kakao

чай

te

кава

kaffe

еспресо

espresso

капучіно

cappuccino

банан

banan

яблуко

äpple

апельсин

apelsin

кавун

melon

лимон

citron

морква

morot

часник

vitlök

бамбук

bambu

цибуля

lök

гриб

svamp

горішки

nötter

локшина

nudlar

спагеті

spaghetti

рис

ris

салат

sallad

картопля фрі

pommes frites

смажена картопля

stekt potatis

піца

pizza

гамбургер

hamburgare

бутерброд

smörgås

шніцель

schnitzel

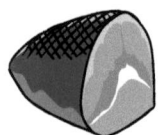

шинка

skinka

салямі

salami

ковбаса

korv

курка

kyckling

печеня

stek

риба

fisk

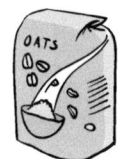

вівсяні пластівці

havregryn

мюслі

müsli

кукурудзяні пластівці

cornflakes

борошно

mjöl

круасан

croissant

булочка

fralla

хліб

bröd

тостовий хліб

rostat bröd

печиво

kex

масло

smör

сир

kvarg

пиріг

kaka

яйце

ägg

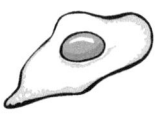

яєчня

stekt ägg

сир

ost

морозиво

glass

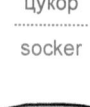

цукор

socker

мед

honung

мармелад

sylt

нуга-крем

nougatkräm

карі

curry

ферма
bondgård

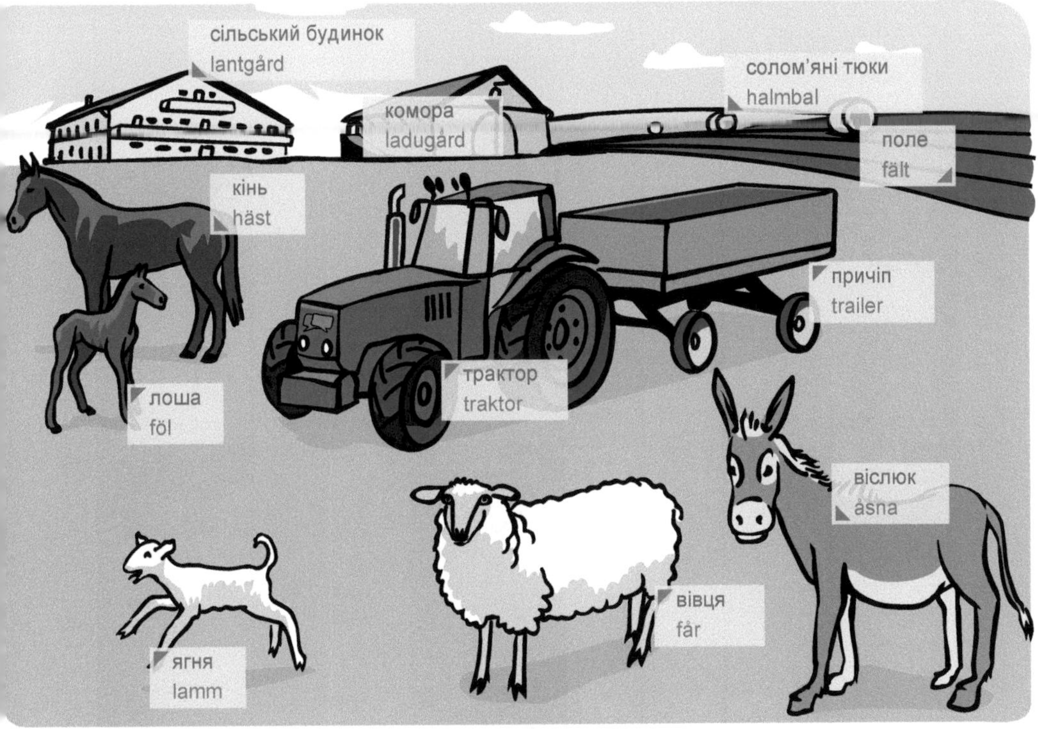
сільський будинок
lantgård
комора
ladugård
солом'яні тюки
halmbal
поле
fält
кінь
häst
причіп
trailer
трактор
traktor
лоша
föl
віслюк
åsna
вівця
får
ягня
lamm

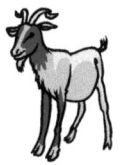

коза

get

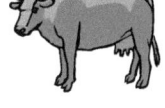

корова

ko

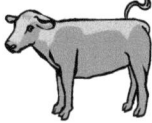

теля

kalv

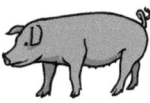

свиня

gris

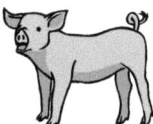

порося

griskulting

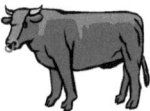

бик

tjur

гусак

gås

качка

anka

курча

kyckling

курка

höna

півень

tupp

щур

råtta

кіт

katt

миша

mus

віл

oxe

собака

hund

собача будка

hundkoja

садовий шланг

trädgårdsslang

лійка

vattenkanna

коса

lie

плуг

plog

серп

skära

мотика

hacka

вила

högaffel

сокира

уха

тачка

skottkärra

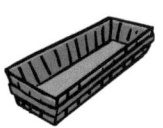

корито

tråg

бідон молока

mjölkflaska

мішок

säck

паркан

staket

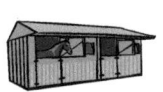

хлів

stall

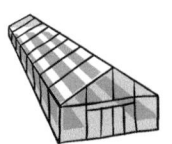

теплиця

växthus

ґрунт

jord

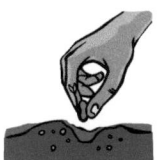

насіння

säd

добриво

gödsel

комбайн

skördetröska

пожинати

skörda

урожай

skörd

корінь ямсу

jams

пшениця

vete

соя

soja

картопля

potatis

кукурудза

majs

ріпак

raps

плодове дерево

fruktträd

маніок

maniok

злаки

spannmål

дім
hus

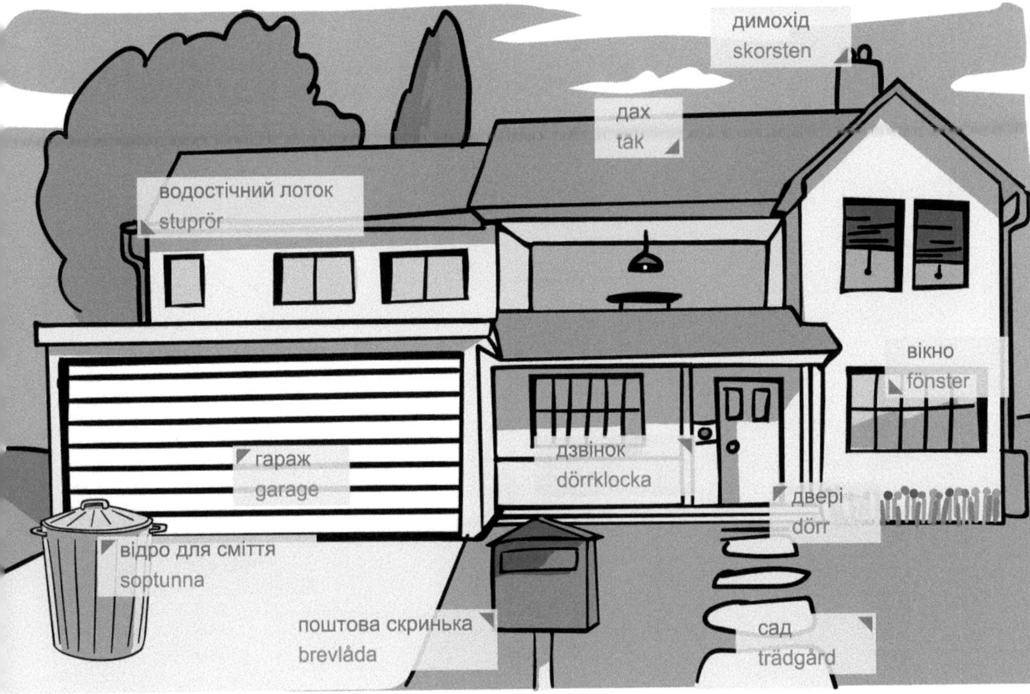

димохід
skorsten
дах
tak
водостічний лоток
stuprör
вікно
fönster
гараж
garage
дзвінок
dörrklocka
двері
dörr
відро для сміття
soptunna
поштова скринька
brevlåda
сад
trädgård

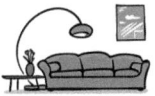

вітальня

vardagsrum

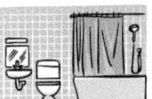

ванна кімната

badrum

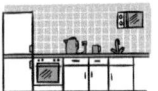

кухня

kök

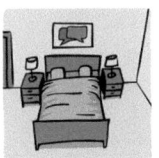

спальня

sovrum

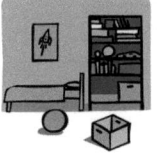

дитяча кімната

barnrum

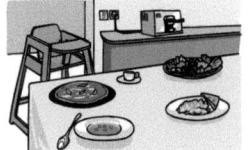

їдальня

matsal

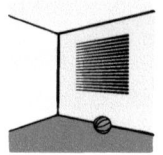

підлога

golv

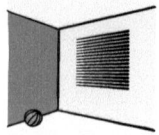

стіна

vägg

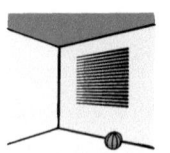

стеля

tak

підвал

källare

сауна

bastu

балкон

balkong

тераса

terrass

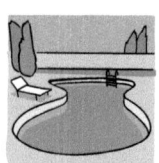

басейн

bassäng

косарка

gräsklippare

простирало

lakan

ковдра

överkast

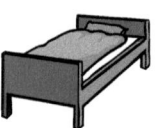

ліжко

säng

мітла

kvast

відро

hink

перемикач

strömbrytare

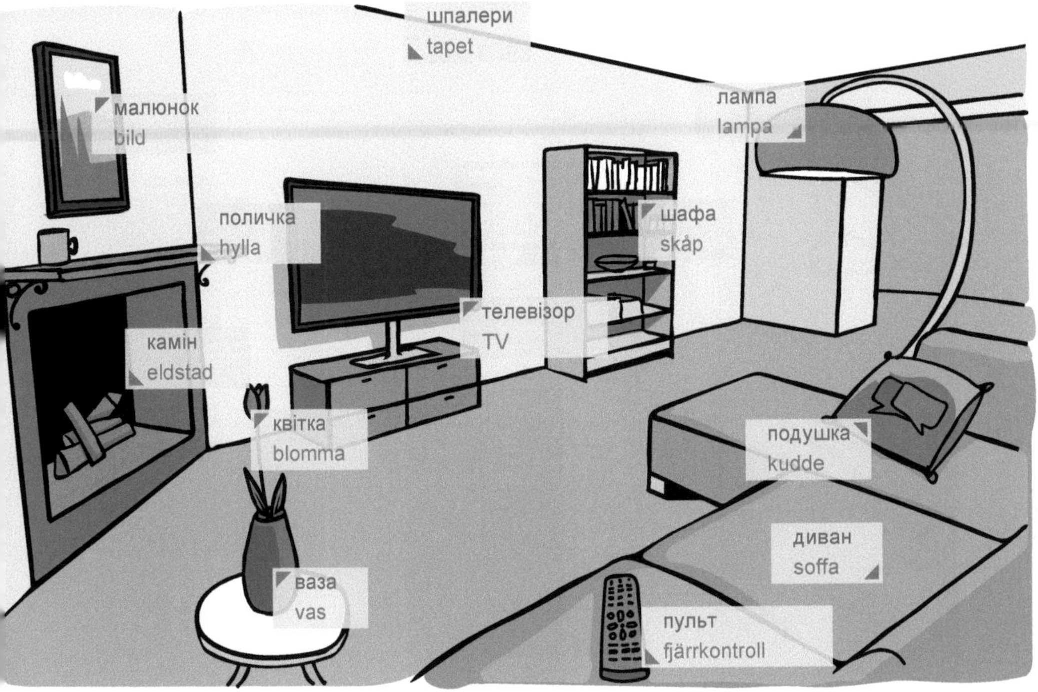

шпалери
tapet

малюнок
bild

лампа
lampa

поличка
hylla

шафа
skåp

камін
eldstad

телевізор
TV

квітка
blomma

подушка
kudde

диван
soffa

ваза
vas

пульт
fjärrkontroll

килим
matta

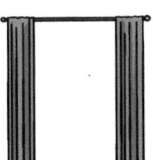

завіса
gardin

стіл
bord

стілець
stol

крісло-гойдалка
gungstol

крісло
fåtölj

книга

bok

ковдра

filt

прикраса

dekoration

дрова

vedträ

фільм

film

стереосистема

stereoanläggning

ключ

nyckel

газета

dagstidning

картина

målning

плакат

poster

радіо

radio

блокнот

anteckningsbok

пилосос

dammsugare

кактус

kaktus

свічка

stearinljus

кухня
kök

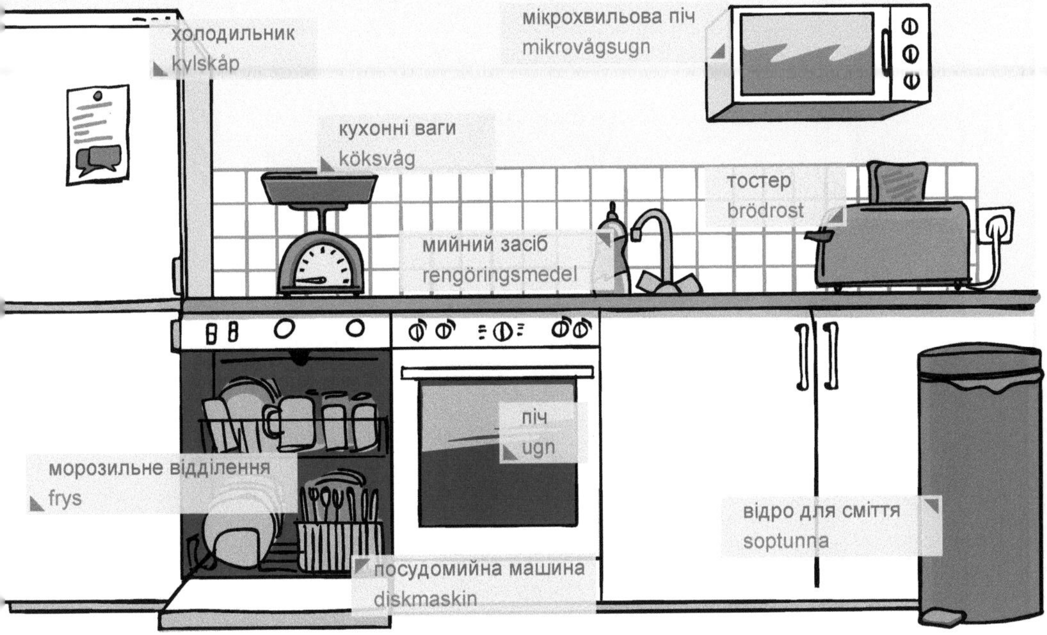
холодильник
kylskåp
мікрохвильова піч
mikrovågsugn
кухонні ваги
köksvåg
тостер
brödrost
мийний засіб
rengöringsmedel
піч
ugn
морозильне відділення
frys
відро для сміття
soptunna
посудомийна машина
diskmaskin

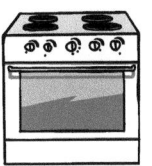

плита
spis

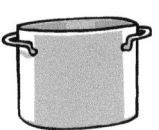

горщик
kastrull

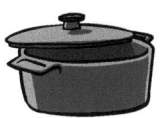

чавунний горщик
järngryta

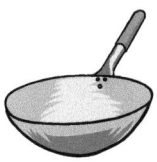

вок / кадай
wok / kadai

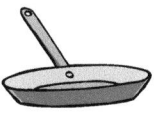

сковорода
stekpanna

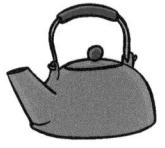

чайник
vattenkokare

пароварка

ångkokare

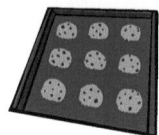

лист

bakplåt

посуд

porslin

кухоль

mugg

чаша

skål

палички для їжі

ätpinnar

черпак

soppslev

лопатка

stekspade

вінчик для збивання

visp

сито

durkslag

сито

sil

терка

rivjärn

ступка

mortel

барбекю

grill

багаття

brasa

дошка
skärbräda

качалка
kavel

штопор
korkskruv

конзерва
burk

відкривачка
burköppnare

прихватки
grytlapp

раковина
vask

щітка
borste

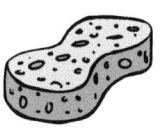

губка
svamp

міксер
mixer

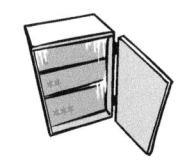

морозильна камера
frys

дитяча пляшка
nappflaska

кран
kran

ванна кімната

badrum

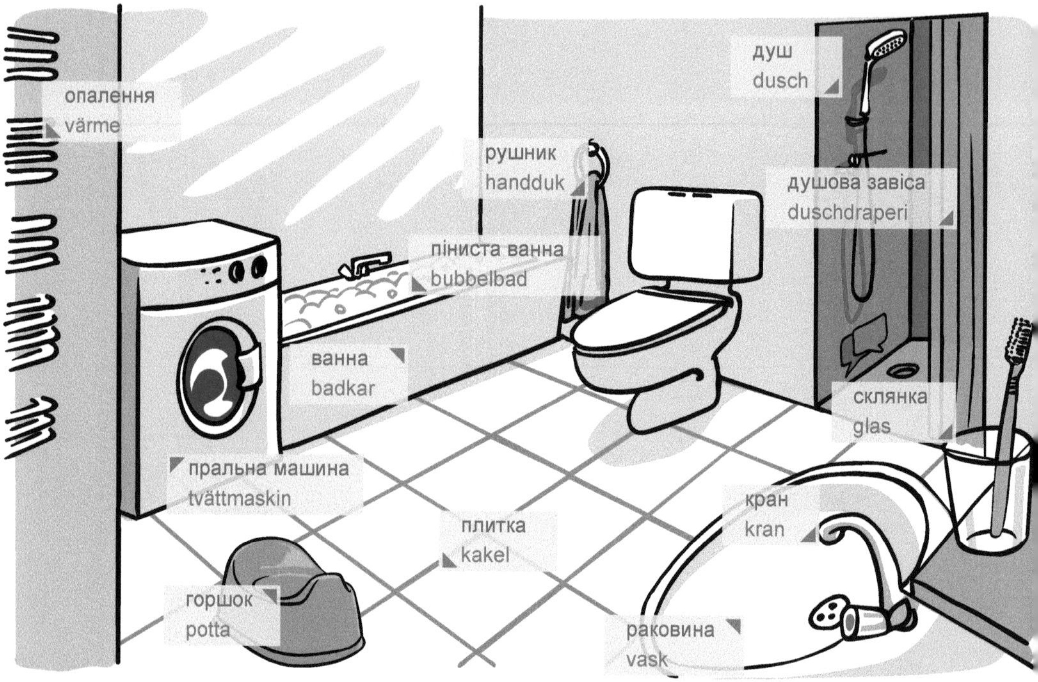

опалення
värme
рушник
handduk
душ
dusch
душова завіса
duschdraperi
ніниста ванна
bubbelbad
ванна
badkar
склянка
glas
пральна машина
tvättmaskin
кран
kran
плитка
kakel
горшок
potta
раковина
vask

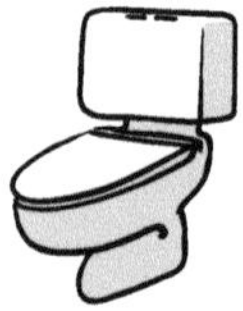

туалет

toalett

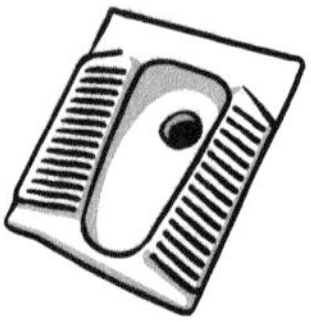

підлоговий туалет

låg toalett

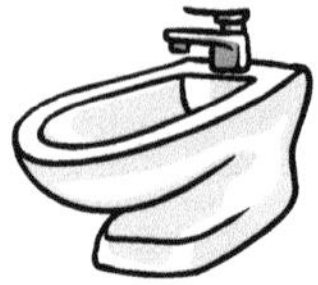

біде

bidet

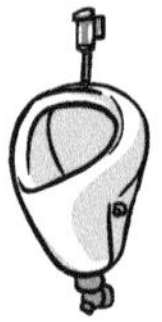

пісуар

pissoar

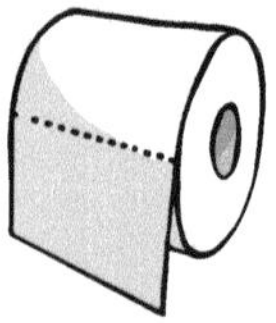

туалетний папір

toalettpapper

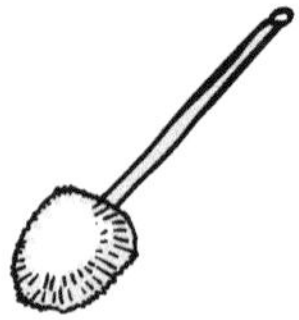

щітка для туалету

toalettborste

зубна щітка

tandborste

зубна паста

tandkräm

нитка для чищення зубів

tandtråd

мити

tvätta

ручний душ

handdusch

інтимний душ

intimdusch

таз

handfat

щітка для спини

ryggborste

мило

tvål

гель для душу

duschgel

шампунь

schampo

мочалка

trasa

водостік

avlopp

крем

crème

дезодорант

deodorant

дзеркало

spegel

косметичне дзеркало

handspegel

бритва

rakhyvel

піна для гоління

raklödder

лосьйон після гоління

rakvatten

гребінь

kam

щітка

borste

фен

hårtork

лак для волосся

hårspray

косметика

smink

губна помада

läppstift

лак для нігтів

nagellack

вата

bomullsvadd

ножиці для нігтів

nagelsax

парфум

parfym

косметичка

necessär

табурет

pall

ваги

våg

халат

badrock

гумові рукавички

gummihandskar

тампон

tampong

гігієнічні прокладки

binda

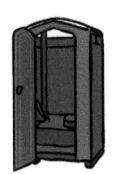

біотуалет

kemisk toalett

дитяча кімната

barnrum

будильник
väckarklocka
м'яка іграшка
gosedjur
іграшковий автомобіль
leksaksbil
брязкальце
skallra
ляльковий будиночок
dockhus
подарунок
present

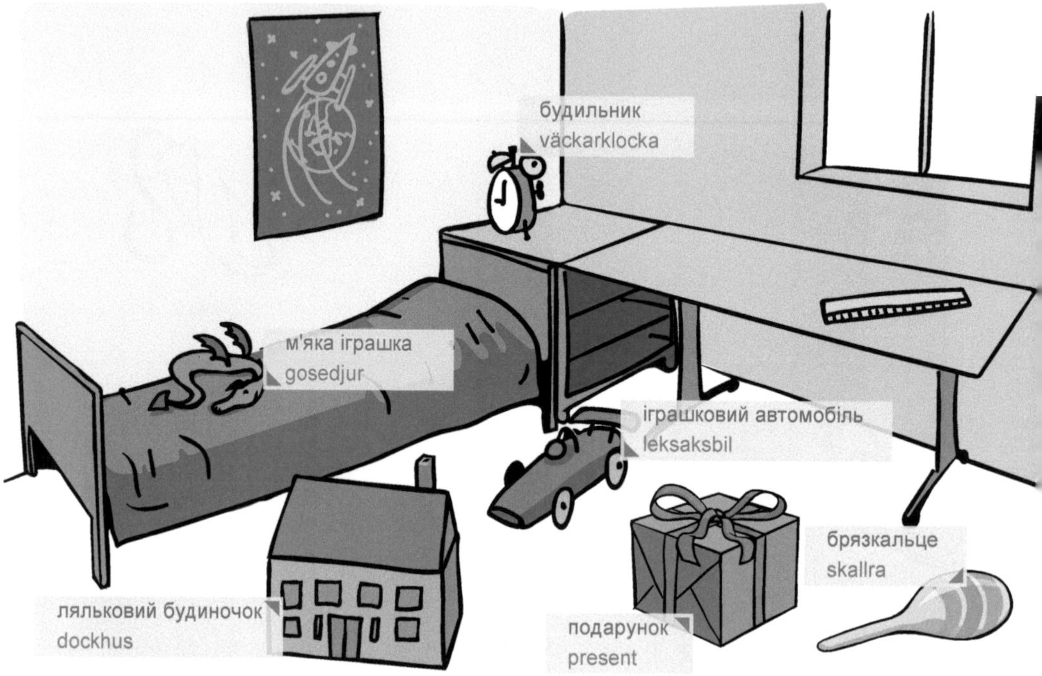

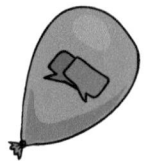

повітряна кулька

ballong

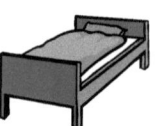

ліжко

säng

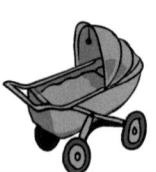

дитячий візок

barnvagn

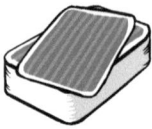

картярська гра

kortlek

пазл

pussel

SUPER
MEGA

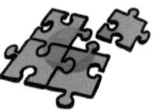

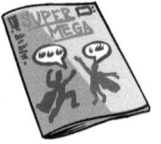

комікс

serietidning

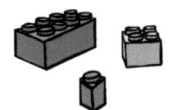

лего цеглинки

legobitar

блоки

klossar

іграшкова фігурка

actionfigur

повзунки

sparkdräkt

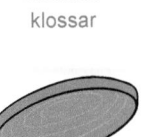

фризбі

frisbee

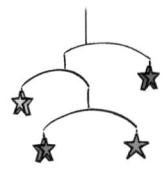

мобіле

mobil

настільна гра

brädspel

кубик

tärning

модель залізнична станція

modelljärnväg

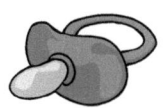

соска

napp

вечірка

party

книжка з картинками

bilderbok

м'яч

boll

лялька

docka

грати

spela

пісочниця

sandlåda

гойдалка

gunga

іграшка

leksaker

гральна консоль

spelkonsol

триколісний велосипед

trehjuling

плюшевий мішка

nalle

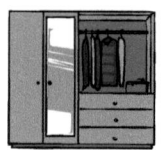

шафа

garderob

одяг

kläder

шкарпетки

sockar

панчохи

strumpor

колготки

tights

шарф
halsduk

ремінь
bälte

парасоля
paraply

футболка
t-shirt

чоботи
stövlar

домашнє взуття
tofflor

кросівки
sneakers

сандалі
sandaler

взуття
skor

гумові чоботи
gummistövlar

труси
underbyxor

бюстгальтер
BH

нижня сорочка
linne

боді
body

штани
byxor

джинси
jeans

спідниця
kjol

блузка
blus

сорочка
skjorta

пуловер
pullover

светр
sweater

піджак
blazer

куртка
jacka

пальто
kappa

дощовик
regnjacka

костюм
dräkt

сукня
klänning

весільна сукня
bröllopsklänning

костюм

kostym

нічна сорочка

nattlinne

піжама

pyjamas

carі

sari

головна хустка

slöja

чалма

turban

бурка

burka

кафтан

kaftan

абая

abaya

купальник

baddräkt

плавки

badbyxor

шорти

shorts

тренувальний костюм

träningsoverall

фартух

förkläde

рукавички

handskar

гудзик

knapp

окуляри

glasögon

браслет

armband

ланцюг

halsband

кільце

ring

сережка

örhänge

шапка

mössa

плічка

galge

капелюх

hatt

краватка

slips

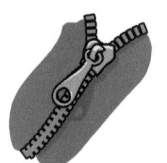

застібка-блискавка

dragkedja

шолом

hjälm

підтяжки

hängslen

шкільна форма

skoluniform

уніформа

uniform

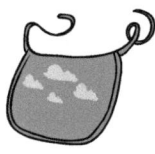

нагрудник

haklapp

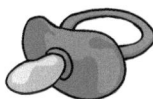

соска

napp

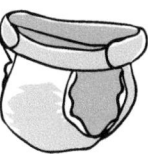

підгузок

blöja

офіс

kontor

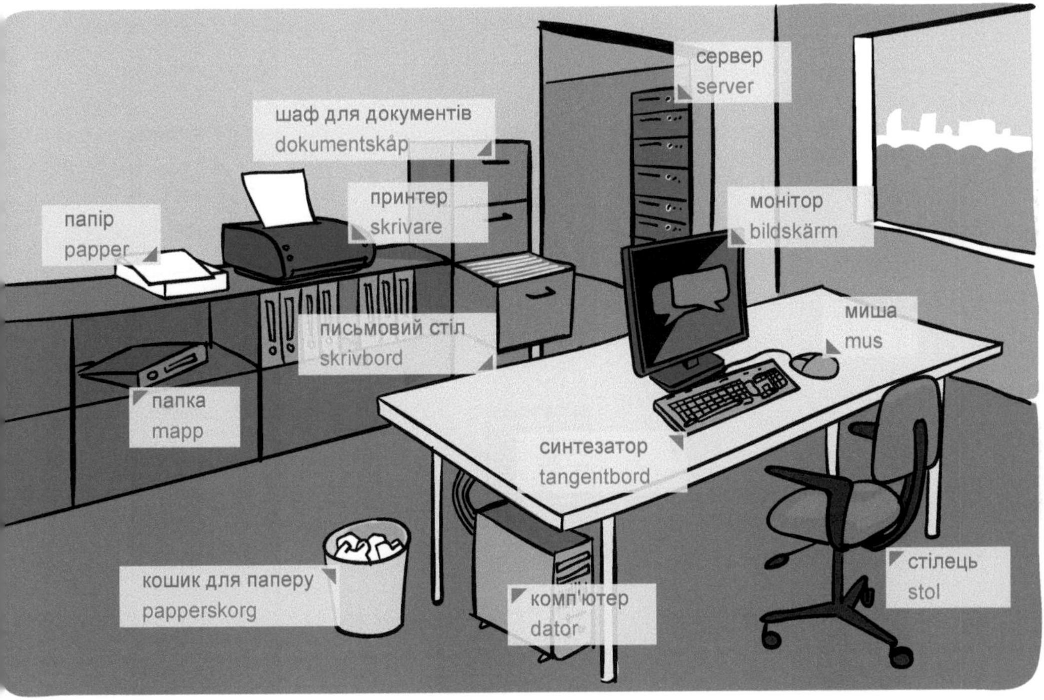
сервер
server
шаф для документів
dokumentskåp
принтер
skrivare
папір
papper
монітор
bildskärm
миша
mus
письмовий стіл
skrivbord
папка
mapp
синтезатор
tangentbord
кошик для паперу
papperskorg
комп'ютер
dator
стілець
stol

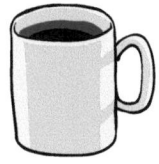

кавовий кухоль

kaffemugg

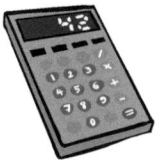

калькулятор

miniräknare

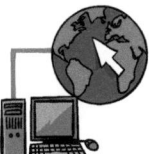

інтернет

internet

ноутбук

bärbar dator

лист

brev

повідомлення

meddelande

мобільний телефон

mobiltelefon

мережа

nätverk

копіювальний пристрій

kopieringsapparat

програмне забезпечення

programvara

телефон

telefon

розетка

vägguttag

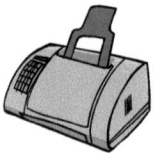

факс

fax

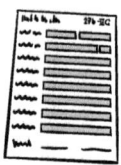

бланк

blankett

документ

dokument

купувати

köpa

платити

betala

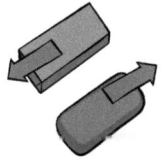

торгувати

handla

гроші

pengar

долар

dollar

євро

euro

ієна

yen

рубль

rubel

франк

schweizisk franc

юанів женьміньбі

renminbi yan

рупія

rupie

банкомат

bankomat

обмінний пункт

växelkontor

золото

guld

срібло

silver

нафта

olja

енергія

energi

ціна

pris

контракт

kontrakt

податок

skatt

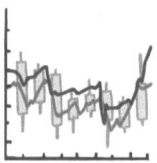

акція

aktie

працювати

arbeta

працівник

anställd

роботодавець

arbetsgivare

фабрика

fabrik

магазин

affär

професії

yrken

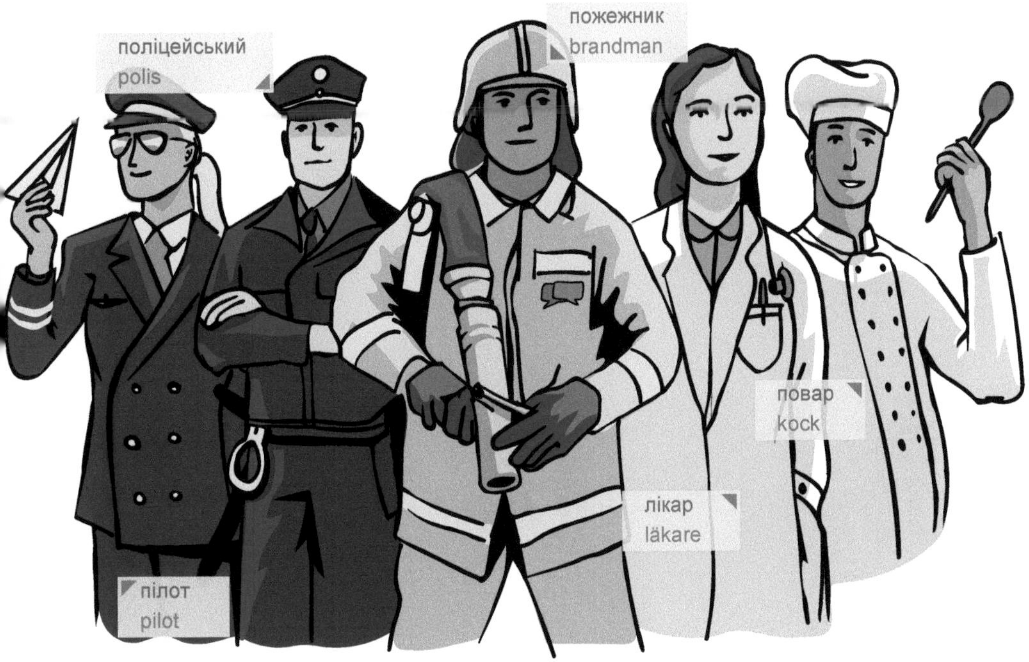

поліцейський
polis
пожежник
brandman
повар
kock
лікар
läkare
пілот
pilot

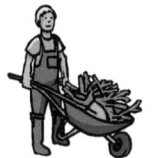

садівник

trädgårdsmästare

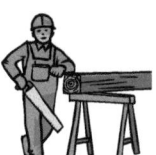

столяр

snickare

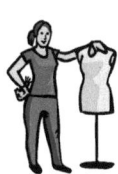

швачка

sömmerska

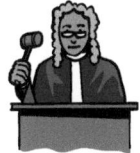

суддя

domare

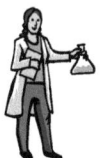

хімік

kemist

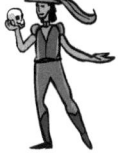

актор

skådespelare

водій автобуса

busschaufför

таксист

taxichaufför

рибалка

fiskare

прибиральниця

städerska

покрівельник

takläggare

офіціант

servitör

мисливець

jägare

художник

målare

пекар

bagare

електрик

elektriker

будівельник

byggarbetare

інженер

ingenjör

забійник

slaktare

бляхар

rörmokare

листоноша

brevbärare

солдат

soldat

архітектор

arkitekt

касир

kassör

флорист

florist

перукар

frisör

кондуктор

konduktör

механік

mekaniker

капітан

kapten

дантист

tandläkare

вчений

vetenskapsman

рабин

rabbin

імам

imam

монах

munk

пастор

präst

інструменти

verktyg

молоток
hammare
щипці
tång
викрутка
skruvmejsel
гайковий ключ
skiftnyckel
кишеньковий ліх
ficklampa

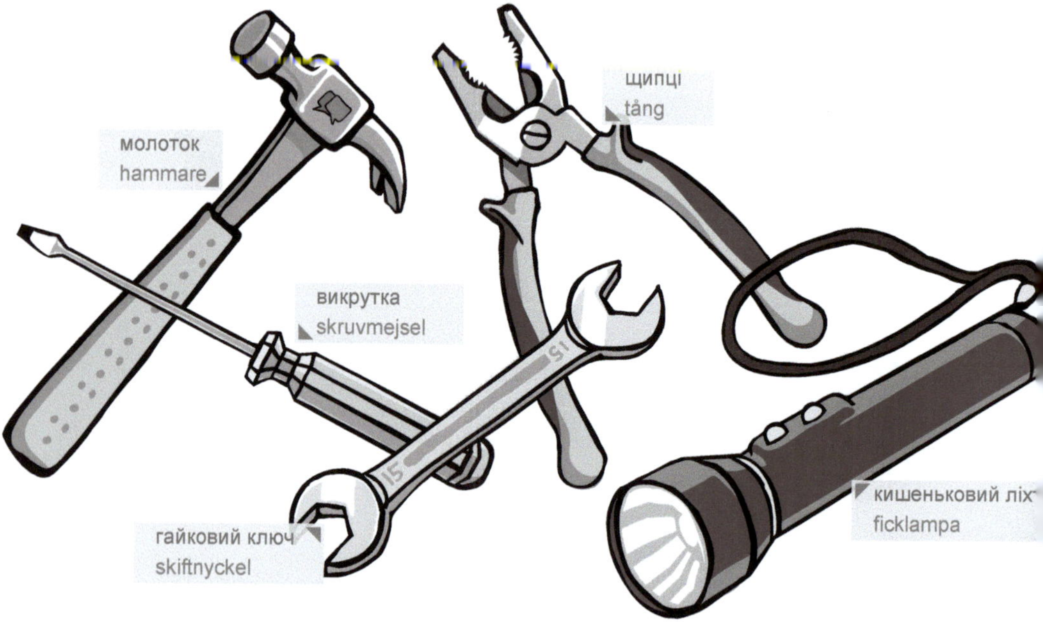

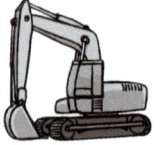

екскаватор

grävmaskin

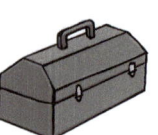

ящик для інструментів

verktygslåda

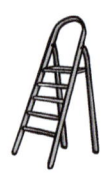

драбина

stege

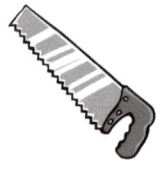

пилка

såg

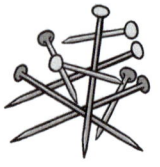

цвяхи

spik

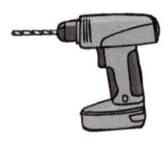

свердло

borr

ремонтувати

reparera

лопата

spade

лайно!

Helvete!

совок

sopskyffel

відро з фарбою

färgburk

гвинти

skruvar

музичні інструменти
musikinstrument

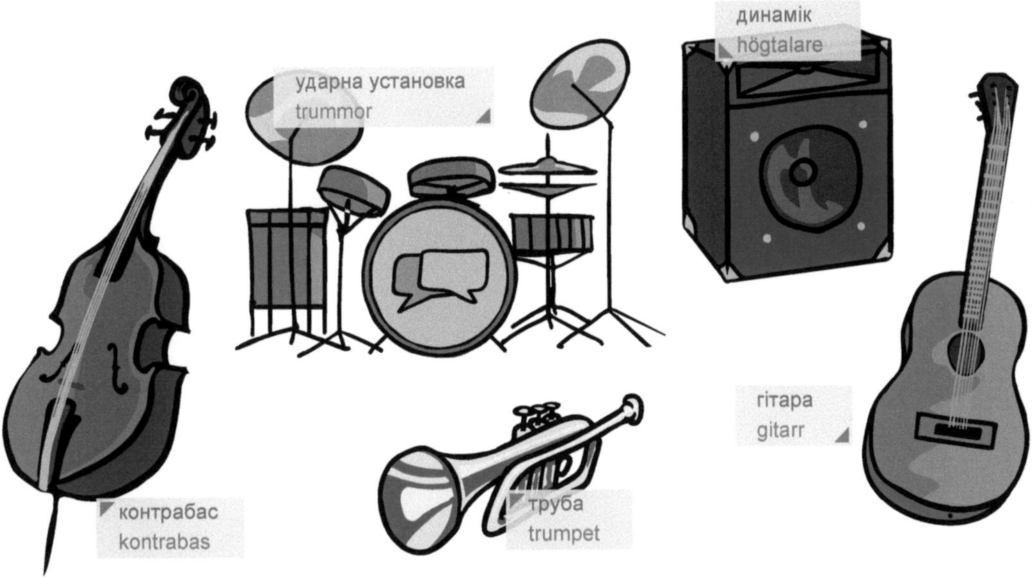

динамік
högtalare

ударна установка
trummor

контрабас
kontrabas

труба
trumpet

гітара
gitarr

фортепіано

piano

скрипка

violin

бас

bas

литаври

timpani

барабан

trumma

клавіатура

keyboard

саксофон

saxofon

флейта

flöjt

мікрофон

mikrofon

зоопарк

zoo

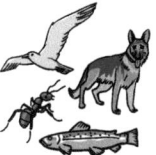

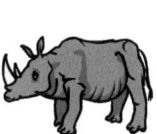

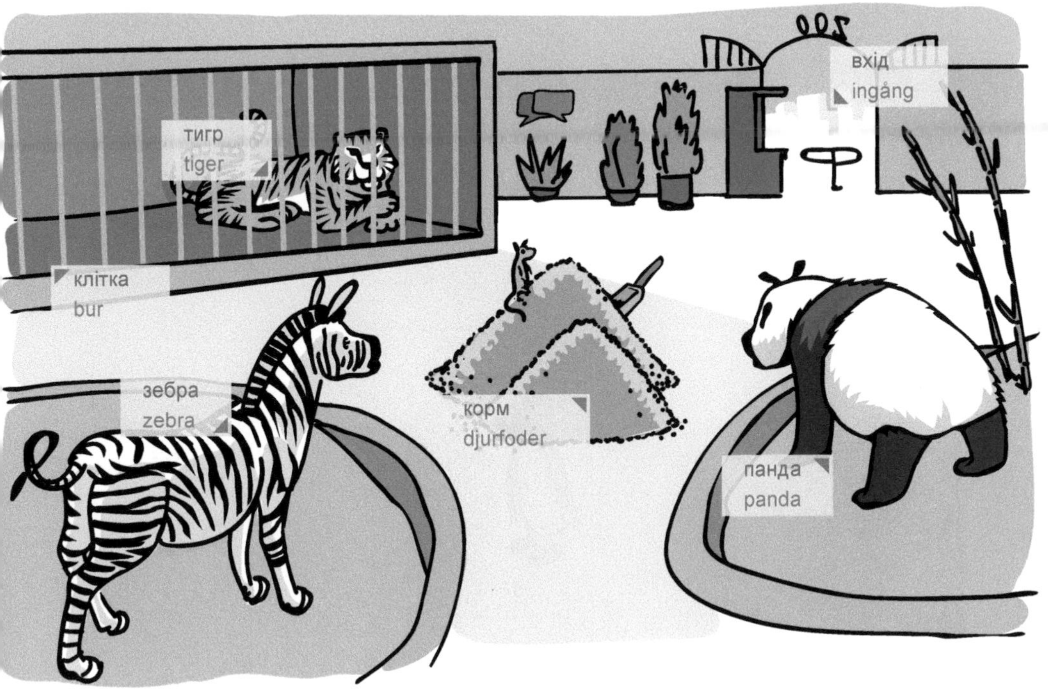

zoo
вхід
ingång
тигр
tiger
клітка
bur
зебра
zebra
корм
djurfoder
панда
panda

тварини

djur

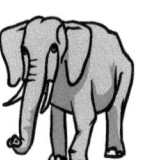

слон

elefant

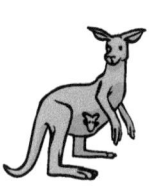

кенгуру

känguru

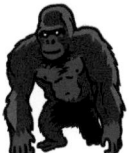

носоріг

noshörning

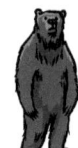

горила

gorilla

ведмідь

björn

верблюд

kamel

страус

struts

лев

lejon

мавпа

apa

фламінго

flamingo

папуга

papegoja

білий ведмідь

isbjörn

пінгвін

pingvin

акула

haj

павич

påfågel

змія

orm

крокодил

krokodil

працівник зоопарку

djurskötare

тюлень

säl

ягуар

jaguar

поні
ponny

леопард
leopard

гіпопотам
flodhäst

жираф
giraff

орел
örn

кабан
vildsvin

риба
fisk

черепаха
sköldpadda

морж
valross

лисиця
räv

газель
gazell

американський футбол
amerikansk fotboll

їзда на велосипеді
cykling

теніс
tennis

баскетбол
basket

плавання
simning

бокс
boxning

хокей
ishockey

футбол
fotboll

бадмінтон
badminton

легка атлетика
friidrott

гандбол
handboll

лижні перегони
skidåkning

поло
polo

дії
aktiviteter

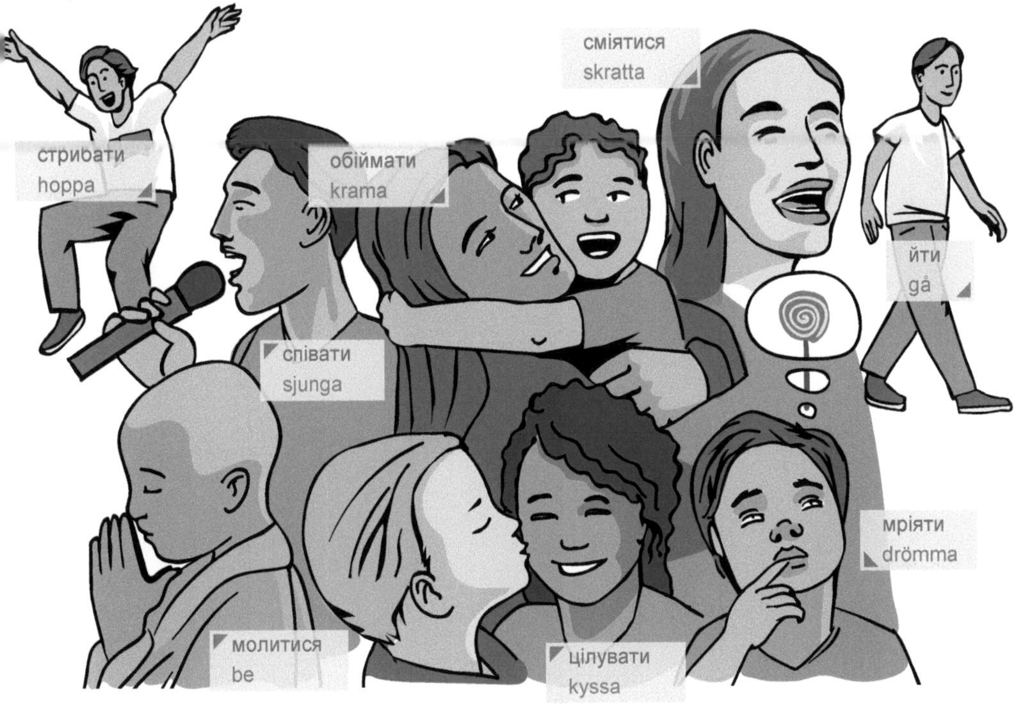

стрибати
hoppa
обіймати
krama
сміятися
skratta
йти
gå
співати
sjunga
мріяти
drömma
молитися
be
цілувати
kyssa

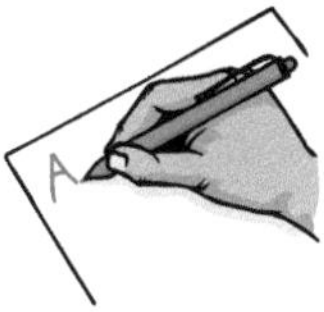

писати
skriva

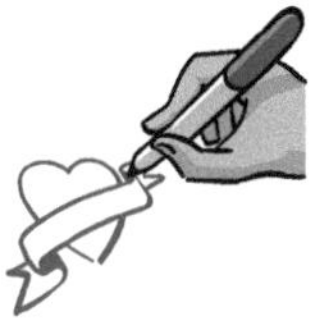

малювати
rita

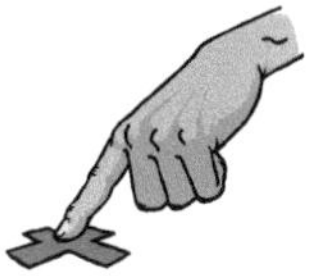

показувати
visa

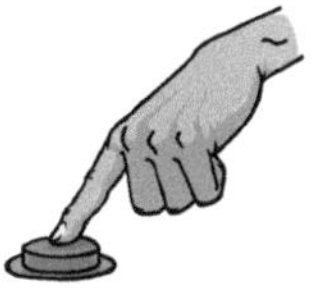

тиснути
skjuta

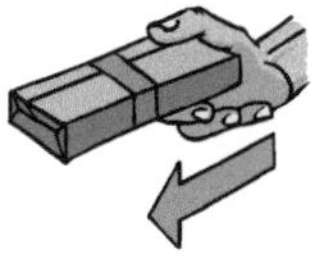

давати
ge

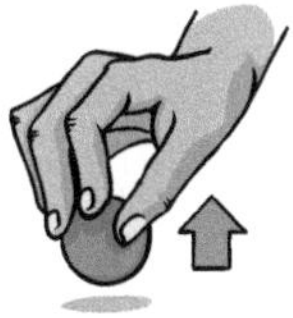

брати
ta

мати

hagel

робити

göra

бути

vara

стояти

stå

бігати

springa

тягнути

dra

кидати

kasta

падати

falla

лежати

ligga

очікувати

vänta

носити

bära

сидіти

sitta

одягати

klä på

спати

sova

просипатися

vakna

дивитися

se på

плакати

gråta

гладити

smeka

розчісувати

kamma

розмовляти

prata

розуміти

förstå

питати

fråga

слухати

höra

пити

dricka

їсти

äta

прибирати

städa

любити

älska

варити

laga mat

їхати

köra

літати

flyga

йти під вітрилом

segla

рахувати

räkna

читати

läsa

вчитися

lära sig

працювати

arbeta

одружуватися

gifta sig

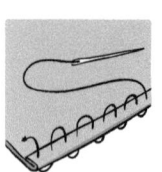

шити

sy

чистити зуби

borsta tänderna

убивати

döda

курити

röka

посилати

skicka

бабуся
mormor/farmor

дідуся
morfar/farfar

батько
pappa

мати
mamma

немовля
baby

донька
dotter

син
son

гість

gäst

тітка

moster/faster

дядько

farbror/morbror

брат

bror

сестра

syster

тіло
kropp

чоло
panna
око
öga
плече
skuldra
палець
finger
обличчя
ansikte
підборіддя
haka
кисть
hand
нога
ben
груди
bröst
рука
arm

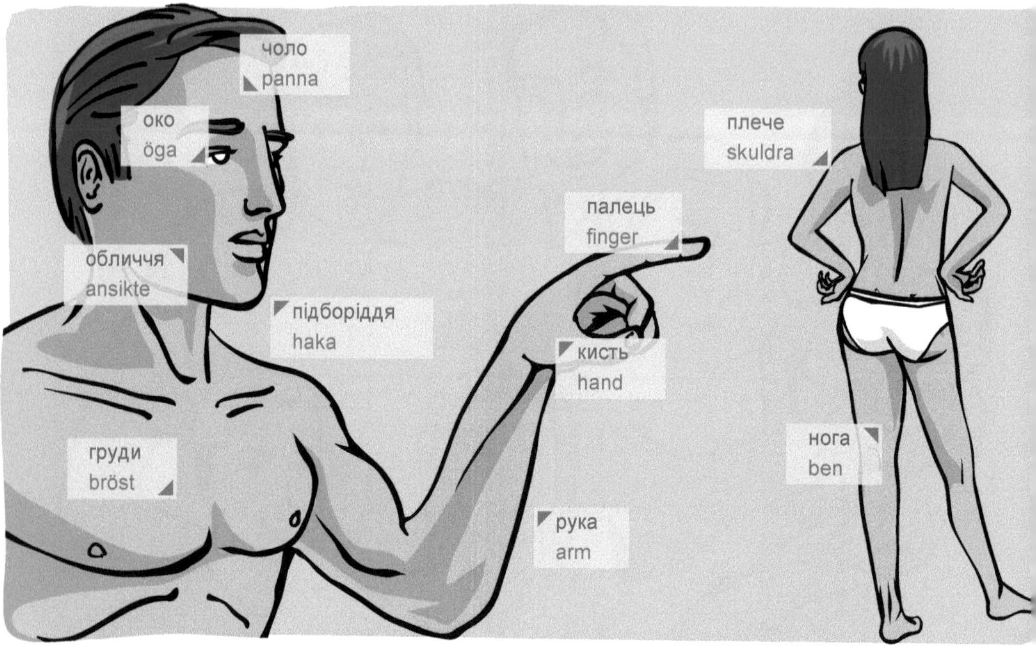

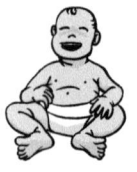

немовля

baby

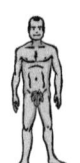

чоловік

man

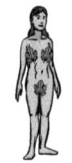

жінка

kvinna

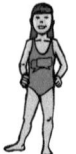

дівчина

flicka

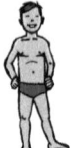

хлопчик

pojke

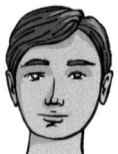

голова

huvud

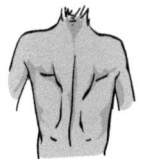

спина

rygg

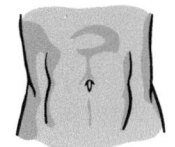

живіт

mage

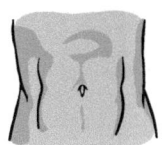

пуп

navel

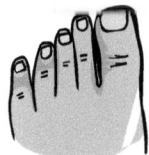

палець ноги

tå

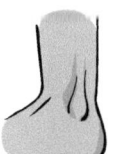

п'ята

häl

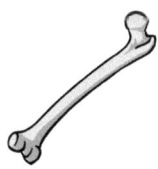

кістка

ben

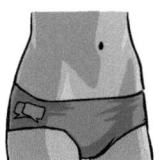

стегно

höft

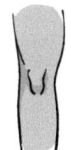

коліно

knä

лікоть

armbåge

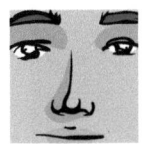

ніс

näsa

сідниці

stjärt

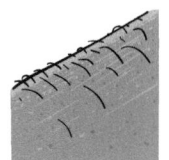

шкіра

hud

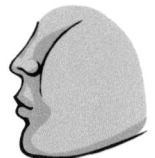

щока

kind

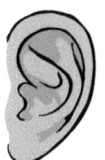

вухо

öra

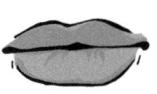

губа

läpp

рот

mun

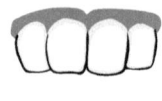

зуб

tand

язик

tunga

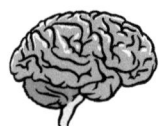

мозок

hjärna

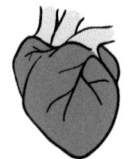

серце

hjärta

м'яз

muskel

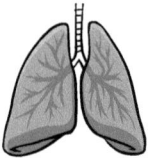

легені

lunga

печінка

lever

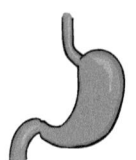

шлунок

magsäck

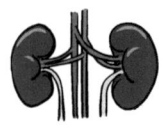

нирки

njurar

статевий акт

sex

презерватив

kondom

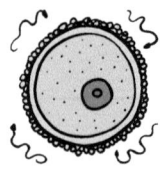

яйцеклітина

äggcell

сперма

sperma

вагітність

graviditet

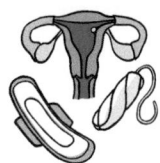

менструація

menstruation

вагіна

vagina

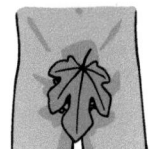

пеніс

penis

брова

ögonbryn

волосся

hår

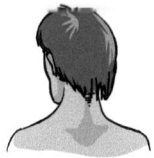

шия

nacke

тіло - kropp

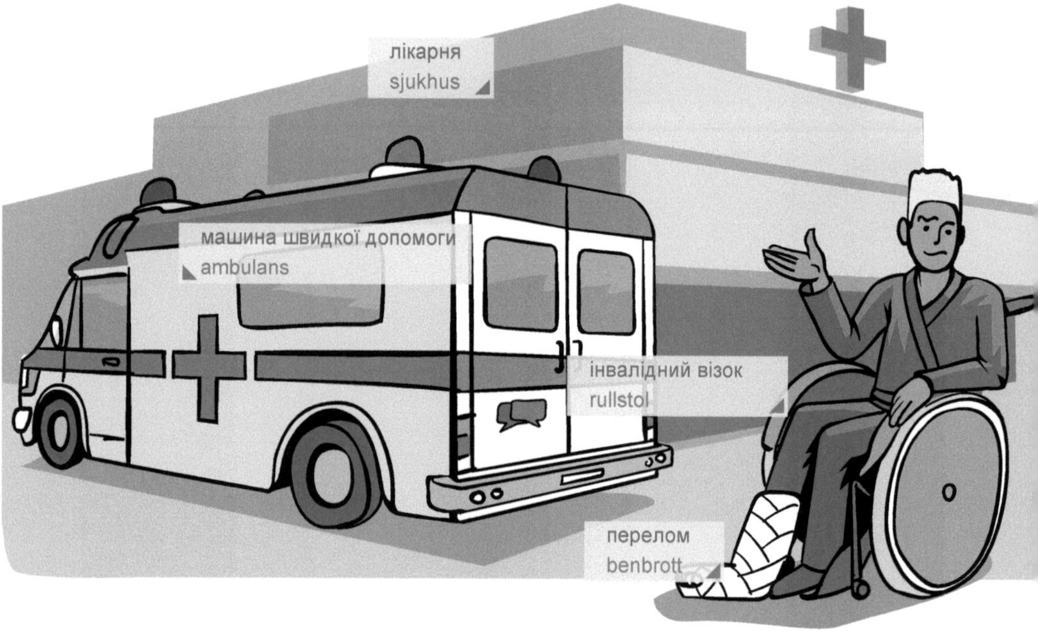

лікарня
sjukhus

машина швидкої допомоги
ambulans

інвалідний візок
rullstol

перелом
benbrott

лікар
läkare

відділення швидкої
медичної допомоги
akutmottagning

медсестра
sjuksköterska

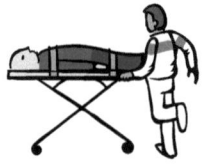

аварійний випадок
nödsituation

непритомний
medvetslös

біль
smärta

травма

skada

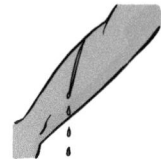

кровотеча

blödning

інфаркт

hjärtattack

інсульт

slaganfall

алергія

allergi

кашель

hosta

лихоманка

feber

грип

influensa

пронос

diarré

головна біль

huvudvärk

рак

cancer

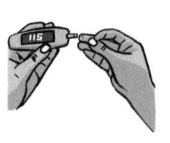

діабет

diabetes

хірург

kirurg

скальпель

skalpell

операція

operation

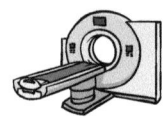

КТ

CT

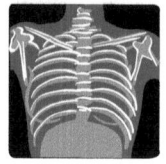

рентген

röntgen

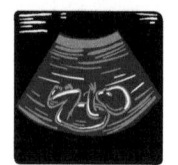

ультразвук

ultraljud

маска

ansiktsmask

хвороба

sjukdom

зал очікування

väntsal

милиця

krycka

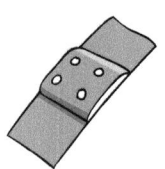

пластир

plåster

пов'язка

bandage

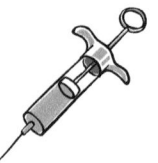

ін'єкція

injektion

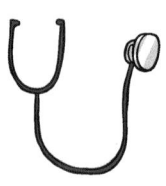

стетоскоп

stetoskop

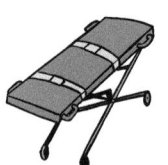

ноші

bår

термометр

termometer

народження

födsel

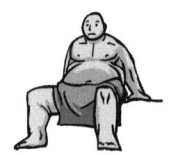

надмірна вага

övervikt

слуховий апарат

hörapparat

дезінфікуючий засіб

desinfektionsmedel

інфекція

infektion

вірус

virus

ВІЛ / СНІД

HIV / AIDS

медицина

medicin

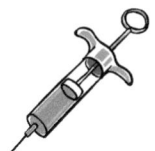

вакцинація

vaccination

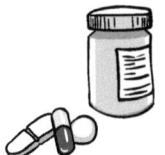

таблетки

tabletter

протизаплідна пігулка

p-piller

екстрений виклик

nödsamtal

тонометр

blodtrycksmätare

хворий / здоровий

sjuk / frisk

Допоможіть!

Hjälp!

сигнал тривоги

alarm

напад

överfall

атака

misshandel

небезпека

fara

аварійний вихід

nödutgång

Вогонь!

Det brinner!

вогнегасник

brandsläckare

аварія

olycka

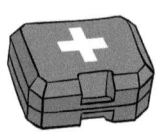

аптечка

förbandslåda

СОС

SOS

поліція

polis

Європа

Europa

Північна Америка

Nordamerika

Південна Америка

Sydamerika

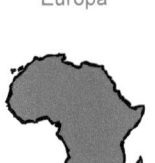

Африка

Afrika

Азія

Asien

Австралія

Australien

Атлантика

Atlanten

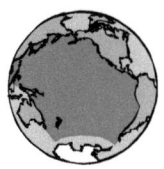

Тихий океан

Stilla Havet

Індійський океан

Indiska Oceanen

Антарктичний океан

Antarktiska Oceanen

Північний Льодовитий океан

Arktiska Oceanen

Північний полюс

Nordpol

Південний полюс

Sydpol

Антарктика

Antarktis

Земля

Jorden

суша

land

море

hav

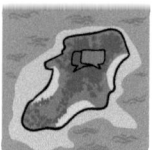

острів

ö

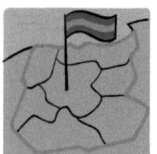

нація

nation

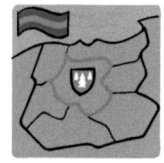

держава

stat

циферблат

urtavla

годинникова стрілка

timvisare

хвилинна стрілка

minutvisare

секундна стрілка

sekundvisare

Котра година?

Vad är klockan?

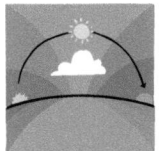

день

dag

час

tid

зараз

nu

цифровий годинник

digital klocka

хвилина

minut

година

timme

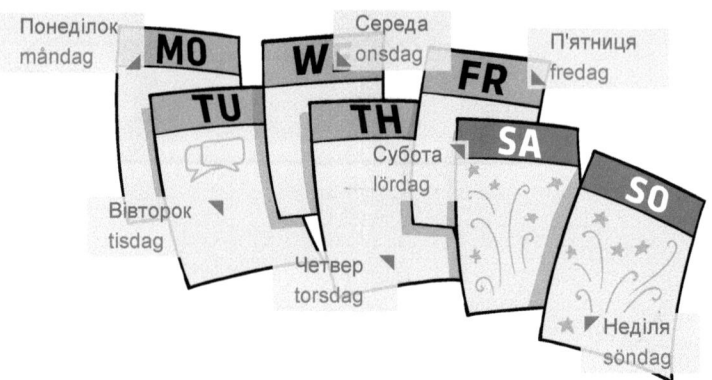

вчора

igår

сьогодні

idag

завтра

imorgon

ранок

morgon

опівдні

middag

вечір

kväll

робочі дні

vardagar

кінець робочого тижня

helg

рік

år

дощ
regn
веселка
regnbåge
сніг
snö
вітер
vind
весна
vår
осінь
höst
літо
sommar
зима
vinter

4.APRIL 11°
5.APRIL 4°
6.APRIL 13°
7.APRIL 8°
8.APRIL 10°

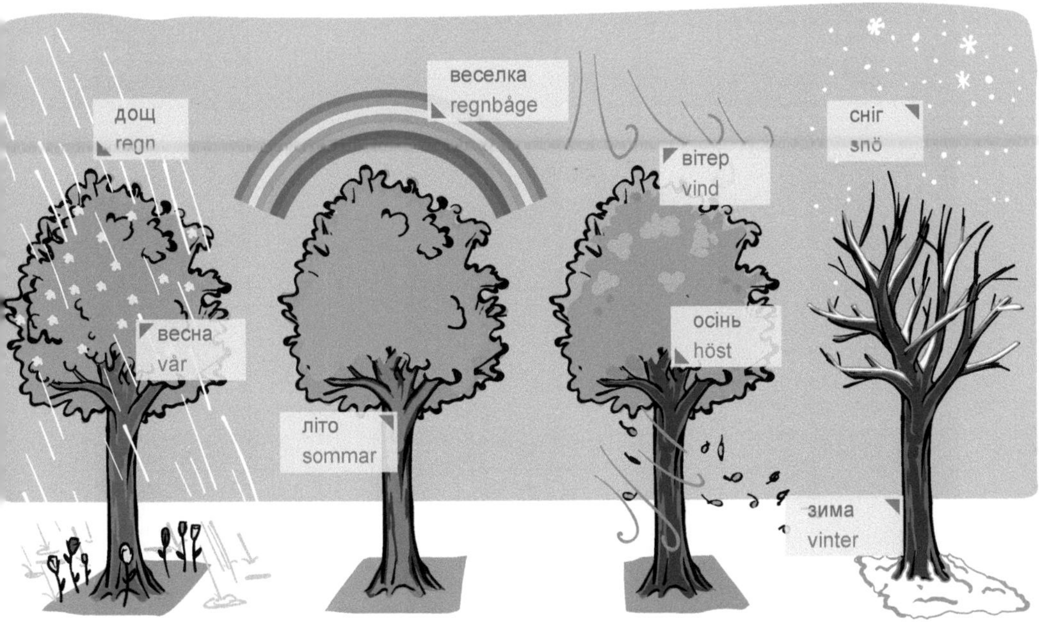

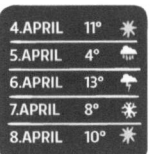

прогноз погоди

väderprognos

F
C
120
90
60
30
0
-30
40
30
20
10
0
-10
-20

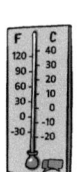

термометр

termometer

сонячне світло

solsken

хмара

moln

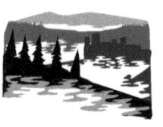

туман

dimma

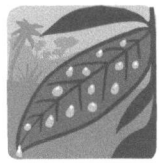

вологість повітря

luftfuktighet

блискавка

blixt

грім

åska

шторм

storm

град

hagel

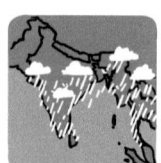

мусон

monsun

повінь

översvämning

лід

is

Січень

januari

Лютий

februari

Березень

mars

Квітень

april

Травень

maj

Червень

juni

Липень

juli

Серпень

augusti

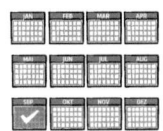

Вересень
....
september

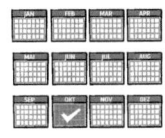

Жовтень
....
oktober

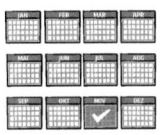

Листопад
....
november

Грудень
....
december

форми
former

круг
....
cirkel

квадрат
....
kvadrat

прямокутник
....
rektangel

трикутник
....
triangel

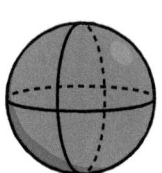

куля
....
sfär

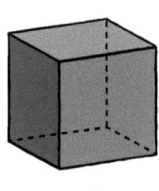

куб
....
kub

білий

vit

жовтий

gul

помаранчевий

orange

рожевий

rosa

червоний

röd

фіолетовий

lila

синій

blå

зелений

grön

коричневий

brun

сірий

grå

чорний

svart

багато / мало

mycket / lite

лютий / мирний

arg / lugn

гарний / бридкий

vacker / ful

початок / кінець

början / slut

великий / малий

stor / liten

світлий / темний

ljus / mörk

брат / сестра

bror / syster

чистий / брудний

ren / smutsig

завершений / незавершений

komplett / ofullständig

день / ніч

dag / natt

мертвий / живий

död / levande

широкий / вузький

bred / smal

їстівний / не їстівний

ätlig / oätlig

злий / дружній

ond / god

збуджений / нудьгуючий

upphetsad / uttråkad

товстий / тонкий

tjock / smal

спочатку / востаннє

först / sist

друг / ворог

vän / fiende

повний / порожній

full / tom

жорсткий / м'який

hård / mjuk

важкий / легкий

tung / lätt

голод / спрага

hunger / törst

хворий / здоровий

sjuk / frisk

незаконний / законний

olaglig / laglig

розумний / дурний

intelligent / dum

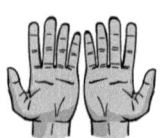

вліво / вправо

vänster / höger

поруч / далеко

nära / långt bort

новий / використаний

ny / begagnad

нічого / щось

inget / något

старий / молодий

gammal / ung

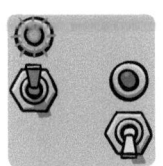

вкл / викл

på / av

відкрито / закрито

öppen / stängd

тихо / гучно

tyst / högljudd

багатий / бідний

rik / fattig

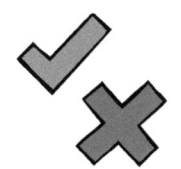

правильно / неправильно

rätt / fel

шорсткий / гладкий

grov / slät

сумний / щасливий

ledsen / glad

короткий / довгий

kort / lång

повільно / швидко

långsam / snabb

вологий / сухий

våt / torr

гарячий / холодний

varm / sval

війна / мир

krig / fred

0

нуль

noll

1

один

ett

2

два

två

3

три

tre

4

чотири

fyra

5

п'ять

fem

6

шість

sex

7

сім

sju

8

вісім

åtta

9

дев'ять

nio

10

десять

tio

11

одинадцять

elva

12

дванадцять

tolv

13

тринадцять

tretton

14

чотирнадцять

fjorton

15

п'ятнадцять

femton

16

шістнадцять

sexton

17

сімнадцять

sjutton

18

вісімнадцять

arton

19

дев'ятнадцять

nitton

20

двадцять

tjugo

100

сто

hundra

1.000

тисяча

tusen

1.000.000

мільйон

miljon

англійська

engelska

американська англійська

amerikansk engelska

китайська
високочиновницька

kinesisk mandarin

хінді

hindi

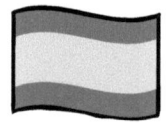

іспанська

spanska

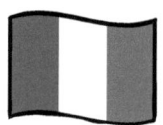

французька

franska

арабська

arabiska

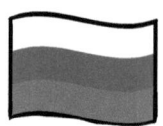

російська

ryska

португальська

portugisiska

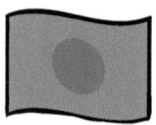

бенгальська

bengali

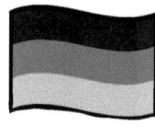

німецька

tyska

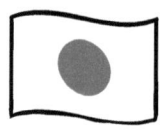

японська

japanska

я

jag

ти

du

він / вона / воно

han / hon / den (det)

ми

vi

ви

ni

вони

de

хто?

vem?

що?

vad?

як?

hur?

де?

var?

коли?

när?

ім'я

namn

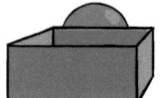

ззаду

bakom

в

i

перед

framför

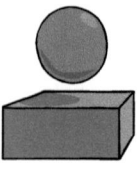

над

över

на

på

під

under

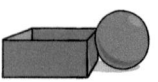

біля

bredvid

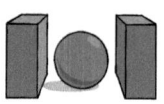

між

mellan

місце

plats